Cubierta y diseño editorial: Éride, Diseño Gráfico
Dirección editorial: ángel jiménez

Primera edición: mayo, 2025

La extincion de los dinosaurios
© Fran Nortes
© VdB, 2025
Espronceda, 5
28003 Madrid

VdB®

ISBN: 979-13-87644-02-4
Depósito Legal: M-8458-2025
Diseño y preimpresión: Éride, Diseño Gráfico

# la extincion de los dinosaurios

**Fran Nortes**
(Elda, 1976)

Es un actor y dramaturgo español. Debutó en la televisión en 2002 durante la última temporada de *Al salir de clase*. Después se le ha visto en varias temporadas de *La que se avecina*, como el Padre Alejandro; protagonista en *Frágiles* como José y *Rabia* como Diego, en *Sin tetas no hay paraíso*, como Edu; *Cuéntame como pasó*, *Víctor Ros*, *Acusados*, *Ciega a citas*, *Impares Premium*, *Hospital Central*, *El comisario*, entre otras. En teatro ha participado en numerosos y diversos montajes, desde *Burundanga*, *El nombre*, *Mi primera vez* hasta *El mercader de Venecia*, *Edipo*, *Salomé* por nombrar unos cuantos.En cine se le ha visto *Que Dios nos perdone*, *Aquitania*, *Lo más importante de la vida es no haber muerto*, etc.

En 2014 estrena con éxito de crítica y público su primer texto teatral *La extinción de los dinosaurios* en el teatro Lara de Madrid dirigida por Gabriel Olivares, una comedia negra con tintes berlanguianos.

En 2012 fue premiado con el Premio Berlanga al mejor actor, por la serie *L'Alqueria Blanca*.

En 2013 fue nominado para los premios de la Unión de Actores en la categoría de Mejor Actor Revelación por su papel en *Frágiles*.

Repite como autor teatral en 2016 con *El secuestro*, y *Cádiz* en 2019.

FRAN NORTES

# la extinción de los dinosaurios

Esta obra se estrenó en el Teatro Lara, de Madrid, el 7 de julio de 2014, interpretada por Fran Nortes (EMPLEADO) Eloy Arenas (DIRECTOR GENERAL), Diana Lázaro (ESPOSA/ANCIANA) y Carlos Chamorro (AGENTE INMOBILIARIO/EMPLEADO 2).

Dirección: Gabriel Olivares.

A Antonio Fuentes
y al teatro Lara de Madrid
por su labor de producción.

## Personajes

DIRECTOR GENERAL.
EMPLEADO.
ESPOSA.
EMPLEADO 2
ANCIANA
AGENTE INMOBILIARIO

## Escena 1

*(Despacho de Director General. En un extremo del escenario una mesa amplia —con una placa de «Director General», una carpeta con un currículum, un gran cenicero de cristal y un recipiente lleno de lápices de la empresa—. Junto a esta, una mesa auxiliar —con una botella de coñac, vasos y una caja de puros—. Detrás de la mesa, en un sillón giratorio, está el* DIRECTOR GENERAL *—unos sesenta años, vestido de traje, elegante—. En el extremo opuesto de la mesa, está sentado* EMPLEADO *—de unos treinta y cinco años—, vestido con mono de limpieza, detrás de él, el carrito de la limpieza.*

DIRECTOR GENERAL La vida es breve, ¿estaremos de acuerdo? (EMPLEADO *asiente con la cabeza.*) Y uno debe vivirla lo mejor que pueda, dentro de sus posibilidades. ¿Estamos de acuerdo?

EMPLEADO Sí, se intenta.

DIRECT. G. ¿Se intenta? Intentarlo es una de las enfermedades de nuestra sociedad, las cosas, se hacen.

EMPLEADO Ya, pero…

Direct. G. Ya, pero nada. (Director General *levanta un lápiz.)* A ver, intente coger este lápiz. (Empleado *duda, y finalmente va a coger el lápiz, el* Director General *lo aparta.*) No, no lo coja, solo inténtelo.

Empleado ¿Cómo?

(Empleado, *sin tener clara la orden, hace extraños ademanes para intentar coger el lápiz, sin cogerlo.)*

Direct. G. ¿Ve? Ahora coja el lápiz. (Empleado *coge el lápiz.)* Quédeselo, tengo más.

Empleado Gracias.

Direct. G. ¿Cuántos años tiene?

Empleado Treinta y cinco.

Direct. G. Es usted joven. Antes, uno a los treinta y cinco ya no era joven, pero ahora con treinta y cinco, uno es joven ¿Cuánto gana al mes?

Empleado Setecientos ochenta Euros.

Direct. G. ¿Casa?

Empleado ¿Cómo?

Director G. Que si tiene usted casa.

EMPLEADO Ah, sí.

DIRECT. G. ¿En propiedad o alquilada?

EMPLEADO Propiedad.

DIRECT. G. ¿Le queda algo de hipoteca?

EMPLEADO Veinte años.

DIRECT. G. ¿Cuánto paga de hipoteca?

EMPLEADO Ahora mismo 430 euros.

DIRECT. G. Tiempos difíciles ¿Es usted feliz?

EMPLEADO ¿Perdón?

DIRECT. G. ¿Es usted feliz?

EMPLEADO Hombre, no sé, sí… se podría decir que sí.

DIRECT. G. Cómo que se podría decir ¿Es o no es feliz?

EMPLEADO Mire, Sr. Director general, yo lo que no quiero es quedarme en la calle.

DIRECT. G. Aaah… es eso. Tiene usted miedo.

EMPLEADO Sí, un poco.

DIRECT. G. O sea, que sus respuestas a mis preguntas derivan del miedo y no de la sinceridad, la confianza y el respeto que yo mismo y mi empresa le hemos dado durante sus... *(Revisa un papel de encima del escritorio.)* cuatro meses de permanencia con nosotros.

EMPLEADO Respeto le aseguro que le tengo, Sr. Director general.

DIRECT. G. Fundado en el miedo, no en la confianza, que es lo que yo y nuestra empresa buscamos en nuestros empleados. No tenga miedo.

EMPLEADO Muy bien.

DIRECT. G. ¿Tiene miedo?

EMPLEADO Sí.

DIRECT. G. Bien, eso es sinceridad, no me gusta que me engañen. Es bueno tener miedo, eso es que le importa el trabajo y por lo tanto lo desempeñará de la manera más efectiva posible.

EMPLEADO Le aseguro que lo intento... ¡Lo hago, lo hago!

DIRECT. G. Lo hace, lo hace, doy fe. Por eso le he hecho venir ¿Quiere un purito?

EMPLEADO Si usted quiere.

DIRECT. G. Quiero. (DIRECTOR GENERAL *abre la caja de puros que hay sobre la mesa,* EMPLEADO *coge un puro,* DIRECTOR GENERAL *le da fuego.)* ¿Una copa?

EMPLEADO No bebo en el trabajo.

DIRECT. G. Ya le digo yo que hoy sí, si quiere.

EMPLEADO Si usted quiere.

DIRECT. G. Quiero. (DIRECTOR GENERAL *sirve dos vasos de coñac.* EMPLEADO *coge la copa y bebe.)* ¿Sabe por qué se extinguieron los dinosaurios?

EMPLEADO ¿Por el frío?

DIRECT. G. Por una crisis. Una crisis acabó con toda una especie predominante en el planeta. Pero no fue la crisis lo que les hizo desaparecer, ¿sabe lo que fue?

EMPLEADO ¿El frío?

DIRECT. G. El no estar preparados. Me gusta usted ¿Se encuentra bien? Está un poco pálido.

EMPLEADO Es que no he desayunado.

DIRECT. G. Claro ¿Sabe para qué le he hecho venir?

EMPLEADO Pues, la verdad es que no.

DIRECT. G. He leído su currículum, muy interesante.

EMPLEADO Gracias.

DIRECT. G. Idiomas: castellano y valenciano fluido.

EMPLEADO Ya ve.

(*Triste.*).

DIRECT. G. Experto universitario en lenguas muertas. Es usted un pensador, como yo.

EMPLEADO Gracias.

DIRECT. G. ¿Qué opina un pensador, alguien con espíritu crítico como usted, de su situación?

EMPLEADO ¿Mi situación?

DIRECT. G. Sí, su situación, no me haga repetirle las cosas dos veces, me hace dudar de su capacidad.

EMPLEADO Perdone, estoy un poco mareado con el coñac y el puro.

DIRECT. G. ¿Y bien?

EMPLEADO ¿Me va a despedir?

DIRECT. G. El miedo no es bueno si no le deja pensar, pero está bien para mí, porque me da información ¿Sabe qué información me da?

EMPLEADO ¿Qué me importa mucho mi trabajo?

DIRECT. G. No, no creo que le importe su trabajo.

EMPLEADO Pues le aseguro que me importa.

DIRECT. G. Me está usted diciendo que, a un hombre joven, atractivo y titulado en lenguas muertas, le importa un puesto mal pagado de mantenimiento y limpieza.

EMPLEADO Sí.

DIRECT. G. ¿No piensa usted que esta empresa le infravalora cuando le tiene limpiando las tazas de los wáteres?

EMPLEADO No, señor.

DIRECT. G. Entonces, ¿no piensa usted que está preparado para un puesto de más responsabilidad y con mayores ingresos?

(*Silencio.*)

EMPLEADO ¿Eh?

DIRECT. G. ¿Quiere otro coñac?

EMPLEADO Sí, por favor.

(DIRECTOR GENERAL *llena los dos vasos de coñac,* EMPLEADO *se bebe el coñac de un trago.)*

DIRECT. G. ¿Más?

Empleado Por favor.

(Director General *llena el vaso de* Empleado, *que lo vuelve a apurar.)*

Director G. ¿Mejor?

Empleado Mejor.

Direct. G. ¿Qué opina usted de su situación laboral?

Empleado Yo… yo, Sr. Director general, valoro la confianza que ha puesto la empresa en mí…

Direct. G. ¿Pero?

Empleado Pero… creo que podría desempeñar una labor con más responsabilidad.

Direct. G. Y…

Empleado Y… con mayores ingresos

Direct. G. Bien.

Empleado Bien.

Direct. G. Ese miedo, que lo paraliza y lo hace un hombre gris y aburrido, me hace dudar de su convicción para el puesto.

Empleado Tengo convicción Sr. Director general.

DIRECT. G. En su currículum pone: "Casado, sin hijos" ¿Por qué?

EMPLEADO No encontramos el momento.

DIRECT. G. Pero quieren.

EMPLEADO Yo sí, pero tal y como están las cosas...

DIRECT. G. ¿Ella no?

EMPLEADO ¿Eh?

DIRECT. G. ¡Por el amor de Dios, un poco de sangre! ¿Quién lleva los pantalones en su casa?

EMPLEADO Sr. Director general, no es eso, la crisis...

DIRECT. G. ¿La crisis? ¡Los cojones la crisis, usted no tiene el valor para salir de la crisis, ni para ser padre! Veo un hombre preparado, joven, un hombre capaz de desempeñar una tarea esencial para esta compañía, pero también veo un niño miedoso, incapaz de pedir lo que quiere, lo que necesita, lo que por derecho debería ser suyo, un "fregawáteres" conformista incapaz de follarse a su mujer...

EMPLEADO ¿Perdón?

DIRECT. G. ¿Folla usted mucho?

EMPLEADO No.

DIRECT. G. ¡Pues eso! (DIRECTOR GENERAL *se tranquiliza.*) No sé, no sé, dudo ¿Usted comprenderá que dude? (*Silencio.*) Márchese.

(*Silencio.* EMPLEADO *sale.*)

## Escena 2

*Casa de* EMPLEADO, *salón/comedor. es de noche.* EMPLEADO *y su esposa están sentados cenando en silencio, van especialmente abrigados para estar dentro de la casa. esposa acaba de cenar, se levanta recogiendo su plato y su cubierto.*

EMPLEADO Hoy en el trabajo he tenido una entrevista con el Sr. Director general… (ESPOSA *sale hacia la cocina dejando a* EMPLEADO *con la palabra en la boca,* EMPLEADO *sigue cenando. esposa entra con un montón de facturas, se sienta y comienza a revisarlas, tomando notas en una pequeña libreta.)* Al principio he pensado que me llamaba para despedirme, se han cargado a la mitad de la plantilla, y claro, cuando me ha llamado he pensado que…

ESPOSA ¿Te ha despedido?

EMPLEADO No, no me ha despedido.

ESPOSA Has dicho que te ha despedido.

EMPLEADO No, no, he dicho que han despedido a media plantilla.

ESPOSA Entonces, no te han despedido.

EMPLEADO No, más bien, creo que ha visto algo en mí.

ESPOSA ¿Has terminado?

EMPLEADO Eeh... sí. (ESPOSA *se levanta, recoge el plato y el cubierto de* EMPLEADO, *los deja en la cocina y vuelve a revisar las facturas.*) Oye, ¿cómo tienes tú el cuerpo hoy?

ESPOSA ¿Qué cómo tengo el cuerpo de qué?

EMPLEADO Pues, no sé...

ESPOSA ¿Tú has llamado a algún móvil desde el fijo?

EMPLEADO No... creo que no.

ESPOSA ¿No o crees que no?

EMPLEADO No, vamos, creo que no. Oye, antes te decía que hoy estás muy guapa, ¿sabes?

(ESPOSA *coge su móvil y marca el número de teléfono que aparece en la factura. suena el móvil de* EMPLEADO.)

ESPOSA Es tu móvil.

EMPLEADO Sí, ¿me estás llamando?

ESPOSA ¿Has hecho cuatro llamadas a tu móvil desde el fijo?

EMPLEADO Ah, sí, es verdad. Es que no lo encontraba el otro día, al final me lo había dejado en el trabajo.

ESPOSA Y las cuatro veces esperaste a que saltara el buzón ¿No te diste cuenta a la primera?

EMPLEADO Es que, a veces, lo tengo en vibración, por eso me llamé cuatro veces.

ESPOSA ¿Tú sabes lo que cuesta el establecimiento de llamada con nuestra tarifa?

EMPLEADO Pues no.

ESPOSA 59 céntimos.

EMPLEADO ¿59 céntimos? Es un poco caro ¿No?

ESPOSA Sí, elegimos esta tarifa porque dejamos bien claro que desde el fijo: ¡No se llama a móviles!

EMPLEADO Ya, mira que lo siento, es que no lo pensé.

ESPOSA ¿Tú sabes cuánto cuesta una barra de pan?

EMPLEADO ¿60 céntimos?

Esposa Pues vamos a estar cuatro días sin pan porque no piensas… no, porque no escuchas cuando te hablo, porque te da igual que yo me tenga que volver loca ajustando el presupuesto para llegar a fin de mes…

Empleado De verdad que lo siento, de todas formas, a mí el pan…

Esposa ¿Y el gas?

Empleado ¿El gas?

Esposa ¿Quién le tenía que abrir al del gas para que leyera el contador?

Empleado ¿Yo?

Esposa ¿Me lo estás preguntando?

Empleado No, digo que yo, que yo tenía que abrirle.

Esposa ¿Y?

Empleado No sé.

Esposa Ya te lo digo yo, te quedaste durmiendo.

Empleado Habría tenido turno de noche en la empresa y es que vienen por la mañana…

ESPOSA Y no me lo puedes decir antes, porque yo te aviso, te digo: "Mañana viene el del gas", te dejo "posits" en la nevera, en la puerta, en el espejo del baño... y tú no me dices que estás cansado, que le abra yo, no, tú me dices que no me preocupe, que tú te encargas ¡Y luego te quedas durmiendo!

EMPLEADO Es que no quiero que te preocupes.

ESPOSA ¡Pues han hecho una factura aproximada, llevamos dos meses pelados de frío, ahora nos llega un recibo de doscientos euros y debemos dos meses de hipoteca!

EMPLEADO Bueno, le pido algo a mis padres para este mes y te juro que llevo más cuidado y que me leo los "posits" y que no llamo de fijo a móvil, ¿vale?

(MPLEADO *se acerca a esposa.*

ESPOSA ¡No me toques, ahora no!

(ESPOSA *sale de escena,* EMPLEADO *se queda solo, la luz general baja y se ilumina el centro del escenario, donde el sillón giratorio de* DIRECTOR GENERAL *está de espaldas, el* DIRECTOR GENERAL *se da la vuelta.*

DIRECT. G. Un niño, miedoso, incapaz de pedir lo que quiere, lo que necesita, lo que por derecho debería ser suyo, un "fregawáteres" conformista incapaz de follarse a su mujer, usted no es un hombre.

EMPLEADO Sí, hombre, sí lo soy, pero no ve cómo están las cosas.

DIRECT. G. "No ve cómo están las cosas" ¿Es usted un "fregawáteres"?

EMPLEADO ¿Es una pregunta trampa?

DIRECT. G. ¡¿Es usted un "fregawáteres?!

EMPLEADO En la práctica sí.

DIRECT. G. Ni siquiera es capaz de ejercer su derecho de esposo.

EMPLEADO ¿Cómo?

DIRECT. G. Ni siquiera es capaz de echar un polvo.

EMPLEADO Ah.

DIRECT. G. ¿Ah?

EMPLEADO Lo he intentado, le he preguntado que cómo tenía el cuerpo, le he dicho que estaba muy guapa.

DIRECT. G. ¿Qué le he dicho de intentar? A lo mejor me he equivocado con usted, a lo mejor no es capaz de desempeñar el importante cargo del que le creí capaz al leer su currículum. Dígame, ¿me he equivocado con usted?

EMPLEADO No.

DIRECT. G. ¡No le oigo!

EMPLEADO ¡Qué no!

DIRECT. G. ¡No le creo! ¿Me he equivocado con usted?

EMPLEADO ¡No, en serio que no!

DIRECT. G. Demuéstrelo, a por ella.

EMPLEADO Usted no sabe cómo es cuando se enfada.

DIRECT. G. A por ella.

EMPLEADO *(Resignado.)* Ay, madre.

(EMPLEADO *sale de escena por el misma salida que esposa.)*

## Escena 3

*(Baños de empresa, a la derecha los lavabos con un espejo en la parte superior, a la izquierda varios urinarios.* Empleado *entra empujando el carrito de limpieza. Parece dolorido, lleva un ojo morado y se agarra el costado de tanto en tanto. comienza a limpiar los espejos.* Director G eneral *entra en los baños.*

Direct. G. ¿Qué hace?

Empleado Limpio.

Director G. Además de eso.

Empleado Nada, limpio.

*(Pausa.* Director General *se pone a mear.)*

Direct. G. ¿Qué le pasa?

Empleado *(A punto del llanto.)* No puedo más, Sr. Director general.

Direct. G. "¿No puedo más, no puedo más?" ¡No es cierto! Es usted un comediante, un farsante.

La gente que no puede más se suicida, se hincha a pastillas o se lanza desde el piso 30.

EMPLEADO Hombre, es que no estaba diciendo ese "no puedo más".

DIRECT. G. No debemos usar el lenguaje a la ligera. (DIRECTOR GENERAL *se gira sin dejar de mear y sigue hablando mientras mea en el suelo, automáticamente* EMPLEADO *pone un cubo para recoger lo que mancha.)* Usted es un desgraciado, pero sí puede más, ¿sería eso más correcto?

EMPLEADO Supongo, Sr. Director general.

DIRECT. G. Y siendo completamente sinceros, usted se encuentra como pez en el agua en su desgracia.

(DIRECTOR GENERAL *gira y vuelve a mear en el urinario.*

EMPLEADO No se crea.

DIRECT. G. No hace nada para salir de ella. En su cabeza no hay opciones para salir de su miserable vida, está usted atrapado, ¿por qué?

EMPLEADO Vaya usted a saber.

DIRECT. G. Porque tiene una visión limitada de las cosas, de la vida, no ve usted el "big picture";

Es usted un mierdecilla que no ve más allá de su lamentable existencia. Ser un cagón lo deja sin visión del mundo, no ve el "big picture", lo han educado fatal, lo han educado para ser bueno, lo han educado para ser un "fregawáteres".

Empleado Hombre...

(Director General *Termina de mear, se sacude y se la guarda. va al lavabo.*

Direct. G. Y es usted un gran "fregawáteres", instantáneo diría yo.

Empleado Gracias.

Direct. G. Deje de ser un "fregawáteres".

Empleado Ya... ¿Usted dirá cómo?

Direct. G. ¿Por qué no mata a alguien?

Empleado Por educación Sr. Director general.

Direct. G. Mate usted a alguien, pruébelo.

Empleado ¿A mi mujer?

Direct. G. En estos tiempos está mal visto.

Empleado Anoche me pegó, si viera cómo me ha puesto el costado.

DIRECT. G. ¿La quiere?

EMPLEADO Supongo que sí, las discusiones unen mucho.

DIRECT. G. Uno no debe matar a alguien a quien quiere, la culpa le destroza la vida.

EMPLEADO Podría matar al del gas, me ha llegado un recibo enorme.

DIRECT. G. ¿Eso le haría menos miserable?

EMPLEADO Probablemente no.

DIRECT. G. ¡Piense, por el amor de Dios, piense y deje de ser previsible! "He matado a mi mujer porque me pegaba, he matado al del gas porque me llegó un recibo alto". (DIRECTOR GENERAL *abofetea a* EMPLEADO.) Me da usted lástima.

(*Pausa.*

EMPLEADO Quizá podría matarle a usted.

DIRECT. G. No le veo capaz.

EMPLEADO Tiene razón.

DIRECT. G. Mate a mi madre.

EMPLEADO ¿A su madre?

DIRECT. G. A mi madre.

EMPLEADO ¿Por qué?

DIRECT. G. ¿Necesita saber los motivos? Todos tenemos problemas con nuestras madres, nos llaman a todas horas para preguntarnos cómo estamos, si estamos comiendo bien, que qué tal el trabajo, la pareja y si les contamos algo realmente importante se incomodan y nos dan una tortilla de patata. Además, la empresa necesita un empujón económico que mi madre no está dispuesta a darme y así heredaría, heredaría todo y la vieja está enferma y podrida de dinero. Usted salvaría a la empresa, sería un héroe, salvaría su puesto de trabajo y su futura promoción a subdirector.

EMPLEADO ¿Subdirector?

DIRECT. G. Subdirector, con sueldo de directivo y vida de directivo, hasta le cambiaría el color de la piel.

EMPLEADO Pero es su madre.

DIRECT. G. Por eso no la puedo matar yo, ¿qué le he dicho de la culpa? ¿No me escucha cuándo hablo?

EMPLEADO Sí, Sr. Director general, pero...

DIRECT. G. ¿Ya no está usted cansado de ser un mierda?

EMPLEADO Sí, claro, pero...

DIRECT. G. ¡Pues mate a mi madre, por el amor de Dios, échele huevos a la vida, salga de su mediocridad o mátese de una vez y deje de hacerme perder el tiempo!

EMPLEADO No sé, así en frío, me da cosa.

DIRECT. G. ¿Necesita tiempo para pensar?

EMPLEADO Hombre, usted comprenderá que es una decisión difícil.

DIRECT. G. ¿Me he equivocado con usted?

EMPLEADO Francamente, no lo sé Sr. Director general, me pone en un compromiso.

DIRECT. G. Límpieme los zapatos, con los zapatos limpios pienso mejor. (EMPLEADO *se acerca a* DIRECTOR GENERAL *y con una bayeta comienza a limpiarle los zapatos.)* Frote ahí con fuerza, con convicción ¿Sabe la cantidad de parados que hay en este país?

EMPLEADO Muchos.

DIRECT. G. Muchos, muchísimos ¿Sabe la cantidad de gente que hay en la calle esperando una oferta como esta? Hay cola deseando que yo les ofrezca una oportunidad como esta y usted necesita pensarlo.

EMPLEADO Un poco Sr. Director general.

(*Pausa.*

Direct. G. ¿Lo ha pensado ya?

Empleado Todavía no, Sr. Director general.

Direct. G. La muerte es parte de la vida, ¿o piensa usted que mi madre no se va a morir si usted no la mata?

Empleado Seguro que sí, Sr. Director general.

Direct. G. Mañana a las nueve de la mañana lo quiero en mi despacho con una respuesta. (Director General *saca un billete de 20 euros.*) Tome, salga un poco, lleve a su mujer a cenar, piense en sus limitaciones económicas.

Empleado Gracias, Sr. Director general.

Direct. G. *(Saliendo.)* ¡A las nueve de la mañana!

(*EL* Empleado *se queda solo. oscuro.)*

## Escena 4

*Casa de* EMPLEADO. *la mesa está vacía, en un lateral vemos a esposa con abrigo y doblando la ropa que hay en una silla, va dejándola en distintos montones.* EMPLEADO *entra en la casa con una bolsa de comida china, no se quita el abrigo, se dirige a su mujer para darle un beso.*

ESPOSA Déjame.

(EMPLEADO *comienza a poner la comida en la mesa.)*

EMPLEADO He traído comida del chino.

ESPOSA Ya he cenado.

EMPLEADO Te he llamado para decirte que traía comida del chino, era una sorpresa.

ESPOSA Y si era una sorpresa, ¿para qué llamas?

EMPLEADO Para que no cenaras.

ESPOSA No se avisa de las sorpresas.

EMPLEADO Era para que no cenaras.

ESPOSA (*Saliendo.*) Me voy a la cama. Tú duermes en el sofá.

EMPLEADO Me van a promocionar en el trabajo, mañana tengo una reunión con el Sr. Director general.

(ESPOSA *para en seco, vuelve y se sienta a la mesa.* EMPLEADO *se va a la cocina a por cubiertos etc...*)

ESPOSA ¿Y?

EMPLEADO Eso, me van a promocionar.

ESPOSA ¿Cuánto?

EMPLEADO Mucho, subdirector.

ESPOSA ¿Subdirector? Eso está muy bien.

(EMPLEADO *vuelve de la cocina, pone su cubierto en la mesa, la mujer abre la bolsa del chino y comienza a servirle.*)

EMPLEADO No sé, tengo dudas.

ESPOSA ¿Cuánto vas a cobrar, cuándo empiezas...? ¿Qué dudas?

(EMPLEADO *se sirve y comienza a comer.*)

EMPLEADO Tengo que ser muy hombre para que me promocionen.

ESPOSA Tú ya eres muy hombre.

EMPLEADO Más, tengo que dejar de tener una visión limitada de la vida.

ESPOSA Eso es que confía en ti, que ha visto algo en ti. Mañana te pones el traje para dar buena impresión.

EMPLEADO Me ha dicho que mate a alguien.

(*Pausa.*)

ESPOSA ¿Ya está?, te ha dicho: "Mata a alguien."

EMPLEADO Sí, eso me ha dicho.

ESPOSA Bueno, es algo concreto.

EMPLEADO A mí me sabe mal, no sé si me veo capaz de matar a su madre.

ESPOSA ¿A su madre?

EMPLEADO Sí, no sé, no sé si puedo.

ESPOSA Pedirte que mates a su madre es poner en ti mucha confianza, no te ha pedido que mates a cualquiera, te ha pedido que mates a su madre.

EMPLEADO No sé, matar a una madre me parece un exceso.

ESPOSA Estamos de acuerdo, es un exceso, pero nuestra vida está llena de carencias y así se compensaría. Además, si ese hombre quiere matarla siendo su madre algo habrá hecho.

EMPLEADO Está vieja y enferma, la empresa necesita dinero y ella no se lo da.

ESPOSA Es todo un motivo. El Sr. Director general no te pide que mates a su madre, te pide que salves la empresa, los puestos de trabajo, a tus compañeros.

EMPLEADO ¿Te parece bien?

ESPOSA Bien no, matar nunca está bien... pero me parece justo, esa mujer está vieja y enferma ¿Y qué tienen que hacer los viejos? Dejar sitio para los jóvenes, nosotros nos estamos muriendo de hambre porque esa señora está acaparando demasiado, ¿No te das cuenta?

EMPLEADO ¿De qué?

ESPOSA Esa mujer está frenando el progreso, matarla no está mal, es una necesidad, la gente mata a diario por mucho menos, ¿qué vamos a ser nosotros los tontos como siempre? No, de eso nada.

(ESPOSA *se levanta, se pone detrás de* EMPLEADO *y comienza a darle un masaje.)*

EMPLEADO No sé, me preocupo.

ESPOSA ¿Qué es lo que te preocupa?

EMPLEADO Ya no sé si me quieres.

ESPOSA Claro que te quiero, todas las parejas tienen discusiones.

EMPLEADO Tengo una costilla fracturada.

ESPOSA Ya me conoces.

EMPLEADO Me da miedo, ahora por lo menos...

ESPOSA *(Seductora.)* Ahora por lo menos ¿Qué? Mira cómo vivimos, ¿te imaginas no preocuparse de la hipoteca, del gas; ser un directivo? ¿Cómo tienes el cuerpo hoy?

EMPLEADO *(Dudoso.)* Yo, bien.

ESPOSA ¿Vamos a la cama?

EMPLEADO ¿Y el pollo con almendras?

ESPOSA Lo metemos en un Tupper.

*(Salen.)*

## Escena 5

*Salón casa, madrugada.* EMPLEADO *está sentado en la mesa en calzoncillos y camiseta. habla a la silla vacía de al lado.*

EMPLEADO Espero que me entienda señora. Perdón, no le he dicho para qué he venido; he venido a matarla, aún no sé la forma, la menos escandalosa preferiría yo... *(Hablando consigo mismo.)* No, no puedes entrar y decirle que has venido a matarla, eso haría la situación extremadamente incómoda... Yo no sé, no sé si quiero hacer esto, no sé si merece la pena... Sí, sí quieres, es esto o aguantar tus miserias hasta el suicidio. Esa mujer ya ha vivido lo suficiente y tú eres joven... Ay, Dios mío, espero que sea vieja, muy vieja, eso lo haría más fácil. Yo soy mucho más joven que el Sr. Director general y mi madre tiene 65 años, ella debe tener al menos 80... *(Se recompone y habla, de nuevo a la silla.)* Buenas noches señora, me manda su hijo... Lo último que va a pensar esa mujer es que su hijo ha querido matarla. Bueno, no se sorprenderá, una madre conoce a sus hijos, sabe de lo que son capaces, lo tendrá asumido. Señora, necesito su ayuda... Sí, esa es buena forma de empezar, señora necesito su ayuda, quiero dejar de ser un "fregawáteres", no lo soporto más, tengo el olor a lejía metido en el cuerpo, por más que me lavo huelo a piscina cubierta, mi mujer ya no quiere tener sexo conmigo, bueno hoy sí, pero no sé si me está dejando de querer, las facturas me están ahogando, necesito que me suban el sueldo, necesito salir de esta mierda de vida. *(Sale* ESPOSA, *en camisón y antifaz, y mira a* EMPLEADO *en silencio.)* Yo... a mí... a mí me gustaría tener hijos, ser un buen padre... a mí me da igual estar sometido, la verdad, no sé vivir de otra manera, no sé vivir sin que me digan lo que tengo que hacer, realmente me facilita mucho la vida que los demás decidan por mí...

ESPOSA ¿Qué haces?

EMPLEADO Estaba ensayando.

ESPOSA ¿Y le das conversación? *(Pausa.)* No lo vas a hacer, no me puedo creer que seas tan egoísta.

EMPLEADO Sí... Es solo que... ¿No estabas durmiendo?

ESPOSA No tengo sueño.

EMPLEADO Siempre tienes sueño.

ESPOSA Pues hoy no. Lo vas a hacer, ¿verdad? *(Pausa.)* Lo vas a hacer por nosotros... por los tres.

EMPLEADO ¿Los tres? (ESPOSA *asiente con la cabeza.*) ¿Estás embarazada? (ESPOSA *asiente con la cabeza.*) Pero, ¿cuándo?

ESPOSA Esta noche.

EMPLEADO ¿Tan pronto?

ESPOSA Eso se nota y las cosas a veces llegan de la forma más inesperada.

(EMPLEADO *y* ESPOSA *se dan un fuerte abrazo.*)

EMPLEADO Esto lo cambia todo.

ESPOSA Todo.

EMPLEADO No puedo matar a nadie, voy a ser padre.

ESPOSA ¿Cómo?

EMPLEADO No puedo matar a nadie, voy a ser padre.

ESPOSA No, no me puedes... no nos puedes hacer esto.

EMPLEADO Amor mío, escúchame, vamos a ser padres, ¿qué ejemplo le daría a nuestro hijo si matara a esa mujer? Es su madre, ese hombre me pide que mate a su madre. Tú vas a ser madre, imagínate que dentro de unos años te mata él a ti, ¿con qué cara le digo yo algo? ¿Eso es lo que quieres enseñarle a nuestro hijo?

ESPOSA El bebé, no tiene porqué enterarse de nada.

EMPLEADO Eso se sabe, lo sabrá.

ESPOSA No, amor, no lo sabrá.

EMPLEADO Sí, sí lo sabrá.

ESPOSA ¡Qué no lo sabrá, coño!

EMPLEADO No te alteres, por favor, los tres primeros meses son críticos para la formación del feto.

ESPOSA Tienes que matar a esa mujer.

EMPLEADO No quiero que te preocupes de nada, yo lo arreglo con el Sr. Director general, a lo mejor esto ya le demuestra que soy un hombre y no necesito matar a nadie.

ESPOSA ¿Y si no?

EMPLEADO Saldremos adelante, cómo hasta ahora.

ESPOSA ¿Cómo hasta ahora? Yo no traigo a un hijo al mundo para vivir "como hasta ahora" antes me meto una percha y me lo saco.

EMPLEADO No digas eso.

ESPOSA Me lo saco como se saca un caracol con un palillo.

EMPLEADO No digas eso.

ESPOSA Yo no traigo al mundo al hijo de un "fregawáteres" que no tiene cojones de hacer nada para mantener a su familia, yo no quiero ser madre del hijo de un mierda. (EMPLEADO *se acerca.)* No me toques. No nos llega ni para comer, tú hueles a lejía, sabes a lejía, por un sueldo miserable. A mí no me dan trabajo, ahora menos en mi estado, ¿a este mundo quieres traer a nuestro hijo?

EMPLEADO No.

ESPOSA Démosle oportunidades, mátala, hagamos que él sea más de lo que nosotros podemos ser.

EMPLEADO Tienes razón.

ESPOSA ¿La tengo?

EMPLEADO Sí.

ESPOSA Te preparo el traje. (ESPOSA *sale y entra con el traje, se lo da. besa a su marido que, traje en mano, comienza a salir de escena.)* Suerte, estoy deseando que llegues a casa y me cuentes cómo ha ido todo. Te quiero.

**Oscuro.**

## Escena 6

*(Oficina del sr.* DIRECTOR GENERAL. DIRECTOR GENERAL *habla por teléfono.*

DIRECT. G. Madre, tengo una edad, ya no tengo por qué darle explicaciones de dónde estoy o dejo de estar, ¿se da cuenta? (....) En la oficina (....) Sí, a estas horas (....) No, no vengo a trabajar, vengo para que los demás trabajen (....) En ese caso debería contratar a un supervisor que supervisara al que supervisa y estamos haciendo recortes (....) No, no le estoy pidiendo dinero, madre (....) No, no le pido dinero... (....) ¿Cómo que por qué no le pido dinero? (....) Siempre se queja de que le pido dinero (....) No, no es porque piense que se está muriendo (....) Sí, los médicos dicen que se está muriendo hace meses y usted se empeña en llevarles la contraria... (....) ¡Ah! Qué no lo sabía, pues sí los médicos piensan que se está muriendo (....) ¿Cuándo? No lo sé, pero si le sirve de consuelo todos nos morimos (....) Sí, los ricos también, madre (....) Mire, tengo una reunión, haga el favor de dormir o de dejarme en paz (....) No, le he dicho que no le voy a pedir dinero (....) Pues porque no me lo va a dar, por eso no le pido dinero (….) No, no es por orgullo, es porque no me lo va a dar (….) No, no creo que esta vez sea distinto (….) Es cierto, la gente cambia cuando se está muriendo (….) Tiene razón puedo probar *(Llaman a la puerta.)* Un momento madre *(A la puerta.)* ¿Sí?

(EMPLEADO *asoma la cabeza.)*

EMPLEADO ¿Se puede, Sr. Director general?

(DIRECTOR GENERAL *hace con la mano un gesto de "adelante"*, EMPLEADO *pasa, vestido de traje, empujando el carrito de limpieza.* DIRECTOR GENERAL *vuelve a hablar al teléfono.)*

DIRECT. G. Nada, madre, ya está. Mire, si me pudiera prestar… (….) Digo prestar porque se lo pienso devolver (….) ¿No me cree? (….) ¿Soy una mala inversión? (….) ¡Buenas noches madre! (DIRECTOR GENERAL *cuelga el teléfono.)* Hija de la gran puta *(Se dirige a* EMPLEADO.*)* ¿Se da cuenta? Le encanta humillarme, le encanta decir "una mala inversión", le encanta recordarme que he malogrado el legado de mi padre y que no soy un empresario como Dios manda, que he malgastado enormes cantidades de dinero en juergas y putas, en untar a políticos y empresarios, en cuatro matrimonios fracasados. La veo ahí, en su trono de goteros y máquinas de respiración asistida, mirándome por encima del hombro y pensando que soy una mala inversión. Soy su hijo, su único hijo y me trata como a un "don nadie", me trata... me trata... ¡me trata mal! (DIRECTOR GENERAL *deja caer la cabeza sobre la mesa y llora amargamente.)* ¿Tiene un Kleenex?

EMPLEADO Papel higiénico.

(DIRECTOR GENERAL *le hace un gesto para que se lo acerque.* EMPLEADO *obedece,* DIRECTOR GENERAL *coge el papel aún con la cabeza sobre la mesa y llorando desconsolado. tras unos instantes de duda e incomodidad* EMPLEADO *le pone la mano sobre la cabeza al* DIRECTOR GENERAL *y comienza a acariciarle.)*

DIRECT. G. *(Dejando de llorar automáticamente.)* ¿Qué hace?

EMPLEADO *(Aún con la mano sobre la cabeza de* DIRECTOR GENERAL.*)* No sé, pensé...

DIRECT. G. Esto no es pensar, es hacer, ¿qué hace?

EMPLEADO Le consuelo.

DIRECT. G. ¿Seguro? Porque más bien me incomoda, yo solo le había pedido un Kleenex, ¿verdad?

EMPLEADO Verdad, Sr. Director general.

DIRECT. G. Y usted ha tomado la decisión de consolarme, sin contar conmigo, porque yo no se lo he pedido, ¿es así?

Empleado Pues eso parece, Sr. Director general.

Direct. G. O sea, que sus caricias vienen de su necesidad y no de la mía y, en definitiva, sus caricias son un acto egoísta para calmar su incomodidad por verme llorar.

Empleado Seguramente, Sr. Director general.

Direct. G. Quite la mano de mi cabeza, no me gusta esto. (Empleado *se aparta.)* ¿Por qué va así vestido?

Empleado Mi mujer pensó que como era una reunión importante...

Direct. G. Solo los directivos llevan traje en mi empresa, ¿ha matado usted ya a mi madre?

Empleado No, Sr. Director general.

Direct. G. Eso pensaba ¿Ve cómo son ustedes los pobres? Se aprovechan de la mínima debilidad para hacerse con el poder, para dar un golpe de estado y confundirnos ¡A nosotros que les damos de comer!

Empleado No era mi intención, Sr. Director general, se lo aseguro.

Direct. G. No era su intención, pero ha aprovechado mi debilidad para consolarme sin que yo se lo pidiera y de alguna manera eso me haría deberle un favor, me pondría en una situación de inferioridad frente a usted, ¿verdad? Y, además, llega con traje ¿Quiere quitarme autoridad?

EMPLEADO No, Sr. Director general.

DIRECT. G. ¿Seguro?

EMPLEADO Seguro, Sr. Director general.

DIRECT. G. Entonces siéntese. *(Silencio.)* No, no me gusta, quítese el traje. (EMPLEADO *se va quitando el traje y poniéndose el mono de trabajo.)* ¿Y bien?

EMPLEADO Sr. Director general voy a ser padre.

DIRECT. G. Todos tenemos derecho a equivocarnos ¿Ha pensado lo que le dije?

EMPLEADO Sr. Director general, yo pensaba que como voy a ser padre…

DIRECT. G. ¿Qué? Por algún motivo usted se cree con derecho a hablar todo el rato, no tenemos ese tipo de relación, me molesta que usted piense que tenemos ese tipo de relación solo por haberme tocado la cabeza ¿Cree que tenemos ese tipo de relación?

EMPLEADO ¿Qué tipo de relación?

DIRECT. G. Una relación de diálogo, una relación de igual a igual, ¿cree que somos iguales?

EMPLEADO No, Sr. Director general. Pero voy a ser padre y he pensado que con eso sería suficiente para demostrarle que soy un hombre y que quizá ya no fuera necesario matar a nadie.

DIRECT. G. Se equivoca.

EMPLEADO ¿Me equivoco?

DIRECT. G. Sí.

EMPLEADO Entonces, nada, disculpe, Sr. Director general.

DIRECT. G. Bien, necesito una respuesta.

(*Pausa.*

EMPLEADO Lo haré.

DIRECT. G. Esto no es una decisión que se pueda tomar a la ligera, ¿seguro?

EMPLEADO Ya se lo he dicho a mi mujer.

(DIRECTOR GENERAL *saca un sobre del escritorio.*

DIRECT. G. Espléndido. Tiene que estudiarse esto, son los códigos de alarma, también incluyo un plano de la casa, he marcado la habitación de mi madre. El servicio se marcha a las 23:30 y solo queda la enfermera, pero no se preocupe, cobra poco, es alcohólica y se pasa la noche durmiendo. Mi madre está muy débil, seguramente ni se despierte ¿Alguna duda?

EMPLEADO Sí, eh... ¿cómo quiere que...? ¿Cómo la...? ¿Hay alguna manera que usted haya pensado para...?

DIRECT. G. Si no es capaz de decirlo cómo voy a confiar en usted para que lo haga.

EMPLEADO Tiene razón *(Toma aire.)* ¿Cómo quiere que la mate?

DIRECT. G. Tápele la nariz y la boca y espere a que deje de respirar.

EMPLEADO ¿Ya está?

DIRECT. G. Ya está.

EMPLEADO Bien.

DIRECT. G. Pues eso es todo. (DIRECTOR GENERAL *le tiende el sobre.)*

EMPLEADO Bien, Sr. Director general.

DIRECT. G. *(Saliendo.)* Y enhorabuena.

EMPLEADO Gracias, Sr. Director general.

(DIRECTOR GENERAL *sale.* EMPLEADO *se pone una media en la cabeza, tipo atracador de banco, y saca una linterna. oscuro.)*

## Escena 7

*Sin luz. Suena «El amor brujo»,* EMPLEADO *cruza el escenario con una linterna en una mano y el plano en la otra —viste el mono de trabajo con su número de* EMPLEADO *bordado y una media de mujer tapándole la cara—. vuelve sobre sus pasos, no entiende el plano. Se para en medio del escenario y alumbra el papel con la linterna, le da la vuelta... Se la vuelve a dar.*

EMPLEADO Ah, claro.

(*Va a la derecha del escenario, vuelve sobre sus pasos, sale.* EMPLEADO 2 —E.2— *por la derecha, —vestido con idéntico mono de trabajo, incluido el número de* EMPLEADO *bordado, y media en la cara— sigue a* EMPLEADO, *los dos personajes caminan desorientados con idénticos movimientos sin conciencia el uno del otro. Los dos se paran en el centro del escenario e iluminan el plano.*)

E.2 Esto no va, esto no va.

(EMPLEADO *y* E.2 *se iluminan mutuamente con las linternas.*)

EMPLEADO
/E.2 (*Sobresaltados.*) ¡Joder!

E.2 ¿Qué haces?

(*Silencio. los dos personajes se mueven igual frente a frente.*)

EMPLEADO
/E.2 Qué mal rollo.

E.2 Se pasa enseguida, ¿qué haces?

EMPLEADO Estoy intentando leer esto, no se me da bien, no entiendo los planos, yo soy de letras.

(E.2 *coge el plano, lo mira durante unos instantes.*)

E.2 ¿Lo ves? Aquí, en el segundo piso, ¿tú en qué piso estás?

EMPLEADO En el primero.

E.2 Por eso no lo encuentras.

EMPLEADO Por eso no lo encuentro.

E.2 Claro.

EMPLEADO Claro.

(*Los dos se quedan inmóviles.*)

E.2 ¿Y?

EMPLEADO ¿Y qué?

E.2 ¿Vas a subir?

EMPLEADO Ahora subo, no me agobies.

E.2 Vale. (E.2 *mira la media que lleva* EMPLEADO *en la cabeza.*) ¿Qué mierda es eso?

EMPLEADO Para que no me reconozcan.

E.2 ¿Y vienes con el mono de trabajo?

EMPLEADO No es lo mismo.

E.2 Llevas bordado el número de empleado.

EMPLEADO Me estás poniendo nervioso.

E.2 No tienes porqué hacer esto, ¿lo sabes?

EMPLEADO Sí, sí tengo.

E.2 ¿Por qué?

EMPLEADO Porque sí.

E.2 ¿Por el niño?

EMPLEADO O niña.

E.2 O niña, claro.

EMPLEADO A mi me da igual niño que niña, pero no sé, me hace ilusión una niña, dicen que quieren más a los padres y yo necesito mucho cariño.

E.2 No está embarazada.

EMPLEADO Es que aún no se le nota.

E.2 Le ha bajado la regla.

EMPLEADO No hombre, ella siempre ha tenido ese carácter.

E.2 Había un tampax en la papelera del baño. No está embarazada.

*(Pausa.)*

EMPLEADO Que costumbre más fea, abres la papelera y te encuentras eso ahí… que costumbre más fea. *(Pausa.)* No me quiere, ¿verdad?

E.2 Y si lo hace, lo hace fatal, pero parece que a ti te basta.

EMPLEADO A lo mejor si me promocionan me vuelve a querer.

E.2 No, pero a lo mejor esta noche follas.

EMPLEADO No creo, tiene la regla.

E.2 Ah, claro. (Empleado *y* E.2 *han ido caminando, ahora una luz cae sobre una mampara en el extremo del escenario, se ve claramente la silueta de una anciana sobre una cama, parece una sombra china, junto a ella un gotero y un respirador artificial que sube y baja lentamente.*) Es aquí.

Empleado Eso parece. (Empleado *y* E.2 *entran detrás de la mampara y se acercan a la anciana. ahora los tres personajes son sombras chinas.)* ¿Y si la matas tú?

E.2 No, no, a mí no me metas en tus mierdas. Tiene los ojos abiertos.

Empleado Me está mirando.

(Anciana *alarga una mano, parece que quiere tocar la cara de* Empleado.*)*

Anciana ¿Mamá?

Empleado ¿Qué ha dicho?

E.2 Mamá.

Empleado Yo no puedo, no puedo.

(Empleado *y* E.2 *salen de la mampara y se alejan de anciana a la carrera. se detienen en el otro extremo del escenario,* Empleado *respira agitado. pausa.* Empleado *se va calmando.)*

E.2 Dicen que cuando te vas a morir ves a gente.

EMPLEADO ¿A gente?

E.2 Sí, gente que ya ha muerto y te ha querido mucho.

EMPLEADO ¿Quién lo dice?

E.2 Mi abuelo vio a su madre.

EMPLEADO No me acuerdo.

E.2 Sí, hombre a la bisi.

EMPLEADO ¡Que no! Eso es una de esas mierdas que nos inventamos porque a todos nos aterra morir solos.

E.2 Yo me lo creo.

EMPLEADO ¿Sí?

E.2 *(Refiriéndose a la anciana.)* A lo mejor se está muriendo.

EMPLEADO Eso seguro.

E.2 Digo ahora, por eso ve a su madre.

EMPLEADO A lo mejor.

E.2 Sería solo cuestión de tiempo.

Empleado Quizá solo unos minutos.

E.2 Ella perdería solo unos minutos de vida.

Empleado Y yo ganaría tantas cosas.

(Empleado *se acerca a anciana, coge un cojín y se sitúa frente a ella, se queda inmóvil durante unos segundos, silencio.* E.2 *se ha quedado fuera de la mampara, observando.)*

E.2 ¿Vas a hacerlo o no?

Empleado ¡Me estás poniendo nervioso!

E.2 Vale, vale, solo digo que no tenemos toda la noche.

Empleado ¡Te quieres callar! (*Silencio.* Empleado *cuidadosamente pone la mano en la cara de anciana, anciana comienza a mover las piernas, primero suave y luego con más violencia, agita los brazos y golpea a* Empleado *en la cara para quitárselo de encima.* Empleado *presiona con fuerza, no deja de apretar, pero la vieja sigue luchando y le vuelve a dar otro golpe en la cara, más violento, le coge la media con la mano y se la quita de la cabeza.)* ¡Ayúdame coño!

E.2 No, yo solo miro.

(Empleado *golpea a la vieja hasta que baja las manos, luego la estrangula, cuando anciana deja de moverse, el respirador artifical se detiene. pausa.* Empleado *sale de la mampara despeinado y con algún arañazo.)*

Empleado Parece que ya está.

E.2 ¿Está muerta?

Empleado ¡No ves que no respira! *(Pausa.)* ¿Y ahora qué?

E.2 ¿Llamamos al director general?

(Empleado *saca el teléfono, marca y espera tono. el* Director General *entra en escena, contesta al móvil.)*

Direct. G. ¿Sí?

Empleado Sr. Director general, está hecho.

Direct. G. Dígalo.

Empleado *(Respira hondo.)* Está muerta.

Direct. G. ¿Cómo ha sido?

Empleado Solo… está muerta.

Direct. G. ¿Pero ha sufrido o no?

Empleado No sé, un poco, no mucho.

DIRECT. G. Bueno, tendré que conformarme, pero no me gusta conformarme. Cuando cuelgue hágale una foto en una postura ridícula y me la manda por whatsapp.

EMPLEADO Sí, Sr. Director general. (*Pausa.*) ¿Qué hacemos?

E.2 Le hacemos una foto y se la mandamos.

EMPLEADO Vale.

E.2 ¿Le metemos un dedo en la nariz?

EMPLEADO Vale… ¿Su dedo o el mío?

E.2 El suyo, el suyo.

EMPLEADO Mejor.

(*Salen. el* DIRECTOR GENERAL *queda en escena. pausa. escuchamos el tritono del whatsapp recibido, el* DIRECTOR GENERAL *mira el mensaje y se descojona. sale de escena. oscuro.*

## Escena 8

(EMPLEADO *y esposa entran, visten elegantes, él con traje, se nota un cambio de estatus, ella muy embarazada. frente a ellos un agente inmobiliario que consulta de vez en cuando documentación de una carpeta que lleva en la mano.*

AGENTE INMOBILIARIO El salón es enorme, con tres balcones a la calle y chimenea. También tiene calefacción central y portero físico, el edificio está recién reformado. El precio se lo han dicho en la agencia, ¿verdad?

ESPOSA Sí.

AGENTE I. Regalado, no van a encontrar nada ni parecido en esta zona tan buena. El anterior inquilino se suicidó y claro, ahora la familia no se deshace del piso ni regalándolo. Mire, de ahí de esa viga vista se colgó, pero cómo es de adorno se cayó y se abrió la cabeza con la chimenea, que es de mármol, por eso está rota la viga, pero eso se lo arreglan antes de que se muden.

ESPOSA ¿Te gusta?

EMPLEADO Un poco grande.

ESPOSA Grande no, el niño va a necesitar su habitación, nosotros nos quedamos con la suite y la otra para las visitas.

EMPLEADO ¿Qué visitas?

ESPOSA Pues tus padres o los míos, o lo hacemos despacho, que ahora eres subdirector.

AGENTE I. No van a encontrar nada igual y menos por este precio, se lo digo yo que llevo trabajando la zona años... y para los niños este barrio está rodeado de parques y de colegios.

EMPLEADO Gracias. *(A* ESPOSA.*)* No sé, ¿a ti te gusta?

ESPOSA A mí sí.

(ESPOSA *saca un metro y se pone a medir paredes anotando en una libretita. el agente inmobiliario y el* EMPLEADO *se quedan solos en un aparte.)*

AGENTE I. *(A* EMPLEADO.*)* No les tenía que haber dicho lo del muerto, ¿verdad? Es que yo creo que la sinceridad es muy importante en mi trabajo, habría sido peor si no se lo hubiera dicho y luego se hubieran encontrado con un vecino en el ascensor que les mira raro porque viven en el piso del muerto, ¿verdad?

EMPLEADO Sí, habría sido peor.

ESPOSA *(A* EMPLEADO.*)* Sujeta de aquí un momento.

(EMPLEADO *obedece y sujeta un extremo del metro mientras esposa tira del otro y anota la medida de la pared del fondo.)*

AGENTE I. Entonces, ¿he hecho bien?

EMPLEADO Sí, muy bien, gracias.

AGENTE I. A su mujer le gusta, *(A* ESPOSA.*)* ¿a qué a usted le gusta?

ESPOSA Mucho, ¿puedo ir a mirar otra vez los dormitorios?

AGENTE I. Claro, está en su casa, nosotros nos quedamos hablando de fútbol

(ESPOSA *besa a* EMPLEADO *y sale. Silencio.)*

AGENTE I. ¿Le gusta el fútbol?

EMPLEADO No.

AGENTE I. A mí tampoco. Yo necesito vender sabe, por eso les he dicho lo del muerto, para que vean que soy buena gente y me lo compren, aunque sea por lástima. Llevo seis meses sin vender una casa y en la agencia ya me han dicho que si este mes no vendo algo me voy a la calle y dónde me meto yo como están las cosas. *(Saca el teléfono.)* Tengo dos hijos, niño y niña, mire qué cosas ¿Ustedes esperan niño o niña?

EMPLEADO Niño.

AGENTE I. Son más tontos, pero se les quiere igual. Luego, los tabiques son de piedra, de casa antigua y como es el último piso no se oye un ruido por la noche, se lo digo yo que vengo a dormir aquí cuando mi mujer me echa de casa, ahora si lo compran ya no podré, ¿verdad?

*(Vuelve* ESPOSA.*)*

ESPOSA ¿Es orientación sur?

AGENTE I. Sí, sur-suroeste, tienen luz todo el año, calentito en invierno, un ahorro en calefacción.

ESPOSA Voy otra vez a la cocina.

AGENTE I. Claro, está en su casa.

EMPLEADO Voy contigo.

ESPOSA No te preocupes, si te necesito te llamo.

*(*ESPOSA *sale. Silencio.)*

AGENTE I. ¿Es usted subdirector?

EMPLEADO Sí, hace menos de un año.

AGENTE I. Y, ¿qué hace?

EMPLEADO Subdirijo.

AGENTE I. O sea, no hace nada.

EMPLEADO Más o menos.

AGENTE I. Pero cobra.

EMPLEADO Mucho.

AGENTE I. ¿Un fijo?

EMPLEADO Sí.

AGENTE I. Yo cobro por comisión, eso es un estrés que no te deja dormir por las noches, mire qué bolsas, nunca sabes si vas a cobrar a final de mes. Son rachas, los comerciales vamos por rachas, cuando no vendes, no vendes nada y cuando vendes, vendes mucho, te dan las mejores casas, por eso necesito vender esta casa, para romper la racha.

EMPLEADO Claro.

(*El* AGENTE *huele a* EMPLEADO.)

AGENTE I. Huele usted muy bien.

EMPLEADO Gracias.

AGENTE I. Y tiene buena cara.

EMPLEADO Gracias.

AGENTE I. Me encantaría tener esa cara y no esta. Eso es por ser subdirector, seguro ¿Qué hay que hacer para ser subdirector?

EMPLEADO Perdone. *(Llamando a* ESPOSA.*)* Cariño, ¿has terminado?

(ESPOSA *aparece.)*

ESPOSA Sí. ¿Nos lo quedamos?

*(*AGENTE INMOBILIARIO *y* ESPOSA *se quedan mirando fijamente a* EMPLEADO.*)*

EMPLEADO Bueno, estas cosas hay que pensarlas.

ESPOSA ¿Qué hay que pensar?

AGENTE I. Eso, ¿qué hay que pensar?

EMPLEADO Perdone. (EMPLEADO *coge a* ESPOSA *y se la lleva a un aparte.)* Una casa es para toda la vida.

ESPOSA Es el mejor piso que hemos visto y el más barato con diferencia. ¿Qué es lo que no te convence?

EMPLEADO Lo de…

ESPOSA Lo de… ¿qué?

EMPLEADO Lo de la viga.

AGENTE I. *(Desde atrás.)* La viga la arreglan antes de que entren, hasta la refuerzan.

ESPOSA Ya lo has oído.

EMPLEADO Pues nada, si a ti te gusta nos lo quedamos.

(AGENTE INMOBILIARIO *rompe a llorar.)*

ESPOSA ¿Está usted bien?

AGENTE I. Sí, es por la tensión acumulada, imagínese así todos los días. Voy llamando a la agencia, mientras me van firmando las arras.

(AGENTE INMOBILIARIO *va saliendo.* EMPLEADO *y* ESPOSA *firman.)*

ESPOSA *(A* EMPLEADO.*)* ¿Estás contento?

AGENTE I. *(Saliendo, aún con congoja.)* Mucho.

ESPOSA Ven, vamos a ver otra vez las habitaciones y decidimos cuál va a ser la del niño.

EMPLEADO Que no se me olvide pedirle al comercial su copia de la llave.

*(Salen.)*

## Escena 9

*Despacho del* Director General. Director General *está en un lateral jugando al golf con un simulador. Llaman a la puerta.*

Direct. G. Adelante.

*(Entra* Empleado, *lleva una bolsa con táperes.)*

Empleado Buenos días, Sr. Director general, le he traído los táperes con la comida, están calentitos.

Direct. G. ¿La ha hecho su madre?

Empleado Sí, Sr. Director general.

Direct. G. ¿Seguro? No me mienta, la comida de una madre sabe mejor, si no lo ha hecho su madre u otra madre me daré cuenta enseguida.

Empleado Le aseguro que es de mi madre.

Direct. G. Bien, déjela en la mesa. (Empleado *se acerca a la mesa,* Director General *golpea la bola de golf que está a una distancia ridícula del agujero y falla.)* ¡Mierda puta! Dese la vuelta.

EMPLEADO ¿Qué?

DIRECT. G. Dese la vuelta, gire sobre sí mismo… póngase de espaldas, coño.

(EMPLEADO *se pone de espaldas,* DIRECTOR GENERAL *coge la pelota y la mete en el agujero con la mano. Vuelve a su sitio como si no hubiera pasado nada.)*

DIRECT. G. Ya está. Lo importante de hacer trampa es que no se note y si alguien lo nota negar, siempre negar, es su palabra contra la mía, por eso es importante ir bien vestido, yo siempre me creería más a mí que a usted ¿Por qué?

EMPLEADO Porque usted va mejor vestido.

(EMPLEADO *comienza a servir la comida, acomoda a* DIRECTOR GENERAL *en la silla y le pone la servilleta al cuello como a un niño.)*

DIRECT. G. Así es la vida, ¿no es maravillosa?

EMPLEADO Supongo. Sr. Director general, su secretaria está llorando.

DIRECT. G. Por cotilla, por escuchar las conversaciones privadas, la he amenazado a ella y a sus hijos, no va a decir nada, pero no puedo evitar que llore, mientras no manche.

EMPLEADO ¿Por qué llora, Sr. Director general?

DIRECT. G. La gente es egoísta por naturaleza, no piensan más que en sí mismos y en sus problemas, escuchan las palabras “desfalco y cierre” y piensan: “¡Oh, Dios mío! ¿Qué voy a hacer? ¿Quién me va a contratar ahora con cincuenta años? ¿Quién va a terminar de pagar la hipoteca, el coche, el viaje a Eurodisney?” No piensan en mí, en por qué lo he hecho, en mi nivel de vida, yo no puedo comer mortadela como ustedes, yo tengo unas necesidades y nadie piensa en ellas.

EMPLEADO ¿Ha dicho cierre?

DIRECT. G. Y desfalco. Mire, madre tenía razón, yo no sirvo para esto, solo sé gastar, así que necesito mucho. Y si cierro, la gente querrá cobrar, querrán despidos, indemnizaciones, no les basta con venir aquí y hacer su trabajo, no les basta con tener descuentos en las máquinas de café, en las de sándwiches, no les basta con hacer vida social en la oficina y tener un ratito de tranquilidad fuera de sus casas. Se ha quedado usted blanco, ¿no ha desayunado?

EMPLEADO No mucho, un café.

DIRECT. G. ¿De la máquina?

EMPLEADO No, en casa.

DIRECT. G. Pues tiene descuento de empleado, aproveche, que el lunes ya no podrá.

EMPLEADO ¿El lunes?

DIRECT. G. Sí, es el mejor día, mañana viernes llegan los pagos de los bancos y hasta el lunes no cobran ni los proveedores, ni los empleados, ¿estaremos de acuerdo que es el mejor momento?

EMPLEADO No, si malo no es.

DIRECT. G. El viernes cojo todo lo que pueda y salgo de España, hasta el lunes no se da cuenta nadie, planazo. Confío en usted, de todo esto ni una palabra hasta el lunes.

EMPLEADO No puede hacer esto.

DIRECT. G. Sí puedo, es mi empresa, ¿de quién es la empresa?

EMPLEADO Suya.

(DIRECTOR GENERAL *coge la bolsa de los tuppers y se pone a revolver.*)

DIRECT. G. ¿Me ha traído tortilla de patata?

EMPLEADO Y judiones de la granja. Sr. Director general, voy a ser padre.

DIRECT. G. ¿Otra vez?

EMPLEADO No, la otra fue un error.

Direct. G. A lo mejor esta vez también tiene suerte.

Empleado No es eso, voy a ser padre, me acabo de comprar una casa, el Bugaboo… si cierra ahora me quedo en la calle.

(Director General *coge un trozo de tortilla de patata.)*

Direct. G. ¿Usted también? Usted que es mi persona de confianza, que hasta mató a mi madre, a mi propia madre, que me trae tortilla de patata y conoce mis necesidades.

Empleado Solo digo que podría replanteárselo. Puede dejar todo en manos de la junta directiva y retirarse, cobraría un sueldo enorme y no tendría que trabajar más en su vida.

Direct. G. ¿Y eso a quién beneficiaría a usted o a mí?

Empleado A mí.

Direct. G. ¿Se cree usted más listo que yo?

Empleado No, Sr. Director general.

Direct. G. No me mienta, así podría usted ocupar mi puesto, ¿verdad? Pues esta empresa es mía y yo desfalco y cierro, ¿lo entiende?

Empleado ¿Y si hablo con la junta directiva?

(Director General *deja de comer.*)

Direct. G. Yo lo negaría todo y voy mejor vestido ¿Ve lo que le digo? Me siento muy solo, el poder te devuelve soledad e incomprensión... *(Prueba los judiones.)* ¡Están fríos!

Empleado ¿Qué?

Direct. G. Los judiones, están fríos. Usted me amenaza, me da comida fría y no me comprende, ¿por qué?

Empleado Porque me deja usted en la calle.

Direct. G. Porque soy rico, si fuera pobre, usted no me exigiría, usted me comprendería, acabo de perder a mi madre y estoy sometido a mucho estrés, desfalcar no es fácil, pero como soy rico busca la manera de quitarme lo que es mío, ¿y luego somos nosotros los malos? Esta empresa es mía, no tengo porqué compartirla con usted, ni con la junta directiva, ni con nadie; yo le hice directivo y, en lugar de agradecerme los meses que ha tenido de abundancia, me hace responsable de su futuro, me habla de que va a ser padre, de que acaba de comprar una casa. Búsquese la vida, yo he renunciado a una familia para no tener ese tipo de preocupaciones, se acabó chupar de la teta, el lunes cierro y me libro de todos los gorrones como usted. *(Refiriéndose a los judiones.)* Caliente esto en el microondas.

Empleado Sí, Sr. Director general.

(Empleado *coge los judiones y va hacia la puerta.)*

Direct. G. ¿Mañana qué hay de comer?

Empleado Creo que cocido.

Direct. G. ¿No será mucha legumbre?

Empleado Cómo estamos en invierno.

Direct. G. A ver si lo podemos cambiar.

Empleado Yo se lo pregunto.

(Empleado *sale.)*

## Escena 10

*Misma casa que Escena 8, la que enseñaba* AGENTE INMOBILIARIO. ESPOSA *abre regalos en la mesa central, hay varios paquetes ya abiertos, la mayoría son ropa de niña. entra* EMPLEADO.

ESPOSA ¿Has visto todo esto?

EMPLEADO Es bonito.

ESPOSA Es rosa, morado… mira este.

EMPLEADO ¿Verde?

ESPOSA Azul turquesa.

EMPLEADO Ya sabes que yo los colores…

ESPOSA ¿Y esto?

(ESPOSA *le muestra un vestido rosa.)*

EMPLEADO Bueno, hoy el rosa es un color unisex.

ESPOSA ¡Es un vestido!

Empleado Perdona, es que no tengo la cabeza en los regalos.

Esposa Pues céntrate.

Empleado Me centro.

Esposa ¿Pasaste la lista?

Empleado Claro.

(Empleado *entra en la cocina.)*

Esposa ¿Qué lista pasaste?

Empleado ¿No queda nada de alcohol de Navidad?

Esposa En el altillo ¿Qué lista pasaste?

(Empleado *sale de la cocina con una botella de whisky.)*

Empleado Estaba en el altillo.

Esposa ¿Me estás escuchando?

Empleado Claro.

Esposa ¿Y?

Empleado Lo cambiamos y cogemos lo que necesitamos.

ESPOSA No hay ticket, no lo podemos cambiar ¿Qué lista pasaste?

EMPLEADO La que tú hiciste.

ESPOSA ¿Cuándo?

EMPLEADO No lo sé, la que tú hiciste.

ESPOSA Hicimos dos listas, una para niño y otra para niña.

EMPLEADO No sé.

ESPOSA Ya te lo digo yo.

EMPLEADO Claro, yo pasé la de niño, porque vamos a tener un niño, varón.

ESPOSA ¿Me estás diciendo que todo el mundo se ha equivocado y nos ha enviado ropa de niña, pero que tú has pasado la lista de niño?

EMPLEADO No lo sé, igual me equivoqué y pasé la de niña, es que he tenido un día muy malo hoy en la oficina.

ESPOSA Ya, pero la lista no la has pasado hoy.

EMPLEADO ¿Qué?

ESPOSA ¡Que la lista la pasaste hace un mes!

Empleado Tienes razón.

Esposa ¿En qué?

Empleado En todo.

Esposa ¿Me das la razón para que me calle?

Empleado No, te la doy porque la tienes.

Esposa Ya sé que la tengo, pero me la das para que me calle.

Empleado Lo que tu quieras, lo que no valga lo cambiamos.

Esposa ¡Que no hay tickets, nadie ha puesto tickets!

Empleado ¿Y qué hacemos?

Esposa Lo guardamos para regalos, pero nos vamos a gastar una pasta comprando todo lo que había en la lista de niño.

Empleado Mujer, algo valdrá de todo lo que nos han regalado.

Esposa Algo, pero poco, porque casi todo es de niña (Esposa *se percata de la copa que se está bebiendo* Empleado.) ¿Qué haces bebiendo?

Empleado Yo es que quería comentarte algo.

ESPOSA ¿De qué? ¿Qué ha pasado?

EMPLEADO He estado hablando con el Sr. Director general…

ESPOSA ¡La comida!

EMPLEADO ¿Qué?

ESPOSA La comida, se ha dado cuenta que la comida no la hace tu madre y se ha puesto como una fiera. Te dije que la tenía que hacer tu madre, que si insistía tanto en que la hiciera una madre es que para él era importante y se iba a dar cuenta de que lo estabas engañando.

EMPLEADO Mi madre vive a 400 km.

ESPOSA Pues la manda por mensajería.

EMPLEADO Le encanta tu comida.

ESPOSA ¿Seguro?

EMPLEADO Sí.

ESPOSA ¿Le ha gustado la tortilla?

EMPLEADO Mucho, si vieras cómo se la comía.

ESPOSA Eran huevos ecológicos, ¿se lo has dicho?

EMPLEADO No, no me he acordado.

ESPOSA Mañana se lo dices ¿Y los judiones le han gustado?

EMPLEADO Seguro que sí, mañana se lo pregunto también, es que aún no los había probado cuando me he ido.

ESPOSA Mañana cocido y sopa.

EMPLEADO ¿No va a ser mucha legumbre?

ESPOSA Es que estamos en invierno.

EMPLEADO Vale.

ESPOSA Y para el lunes le preparo una carne guisada.

EMPLEADO Para el lunes no va a hacer falta.

ESPOSA ¿Por qué, qué pasa el lunes?

EMPLEADO Eso es lo que quería decirte, ya no va a hacer falta que cocines más.

ESPOSA ¿Qué ha pasado?

*(Pausa.)*

EMPLEADO Ha contratado una asistenta.

ESPOSA ¿Española?

EMPLEADO Interina.

ESPOSA Te tienes que deshacer de ella. *(Pausa.)* Te vas a llevar un salero y un bote de pimienta y cuando te mande a calentarle la comida al microondas se la jodes, ya verás lo poco que tarda en echarla a la calle.

EMPLEADO Vale.

ESPOSA Mañana reviso la lista para ver quién falta por mandar los regalos, les dices que es niño y envías la lista buena.

EMPLEADO Vale, así ahorramos un poco.

ESPOSA ¿Para qué quieres ahorrar, ha pasado algo?

EMPLEADO No, no ha pasado nada.

ESPOSA ¿Seguro?

EMPLEADO Seguro.

ESPOSA Entonces ¿Para qué quieres ahorrar? Tú no piensas en esas cosas.

(EMPLEADO *se ve atrapado, improvisa.)*

EMPLEADO Es que era una sorpresa.

ESPOSA ¿El qué?

EMPLEADO Es que si te lo digo, ya no será una sorpresa.

ESPOSA ¿Vamos a comprar el monovolumen?

EMPLEADO Eso era.

ESPOSA Pero si decías que no nos lo podíamos permitir.

EMPLEADO Ya ves.

(ESPOSA *le da un beso a* EMPLEADO.)

ESPOSA Me voy a dormir ¿Has cenado?

EMPLEADO No.

ESPOSA Con la tortilla, los judiones y el cocido no me ha dado tiempo a nada.

EMPLEADO No te preocupes, ya me apaño yo, descansa.

(ESPOSA *sale.* EMPLEADO *se sirve otra copa.*)

## Escena 11

*EMPLEADO está de pie en la mesa colgando una soga de la viga, tras un par de intentos la coloca, baja, quita la mesa y pone una silla. AGENTE INMOBILIARIO aparece por el fondo del escenario con un saco de dormir debajo del brazo, hace ademán de marcharse cuando ve a EMPLEADO, pero vuelve sobre sus pasos y mira la escena desde el fondo del salón. EMPLEADO no se percata de su presencia, bebe otra copa de un trago, sube a la silla, se pone la soga alrededor del cuello, respira hondo, se resbala, la silla cae a un lado, EMPLEADO comienza a patalear, intentando alcanzar la silla con el pie. AGENTE INMOBILIARIO le acerca la silla, EMPLEADO pone los pies sobre ella.*

EMPLEADO (*Quitándose la soga del cuello.*) ¡Joder, joder, qué tontería!

(EMPLEADO *baja de la silla recuperando el aliento.*)

AGENTE I. ¿Se puede saber qué hace?

EMPLEADO Me he resbalado.

Agente I. ¿Se ha resbalado?

Empleado ¡Sí, me he resbalado!

Agente I. ¿Y qué hacía ahí arriba?

Empleado ¿Pensar?

Agente I. Esa postura no ayuda a pensar, piense eso la próxima vez ¿Se ha meado encima?

Empleado No lo sé. No, parece que no, ¿por qué?

Agente I. No sé, dicen que pasa y es lo primero que me ha venido a la cabeza.

Empleado No, no me he meado encima.

Agente I. Si piensa seguir haciendo esto debería tener una muda preparada o ponerse un pañal. Imagínese el bochorno si le sale bien.

Empleado Tiene razón.

Agente I. Menos mal que reforzamos la viga, se podía haber abierto la cabeza con la chimenea.

Empleado Menos mal.

(Agente Inmobiliario *ayuda a* Empleado *a bajar de la silla,* Empleado *va recobrando el aliento.)*

AGENTE I. Pero hombre, uno no se debe suicidar en un inmueble así, mejor en la oficina, ¿quién va a comprar esta casa con dos muertos en su historial? Le quita usted todo el valor a la propiedad ¿Ha pensado en eso?

EMPLEADO No, la verdad es que no.

AGENTE I. Pues piénselo, no solo por el agente inmobiliario que vaya a sufrir la venta, también por su esposa que no va a poder sacar ningún beneficio, ya están las cosas bastante jodidas con los inmuebles.

EMPLEADO Mi mujer queda cubierta, los directivos tenemos un seguro de vida estupendo.

AGENTE I. ¿Y cubre el suicidio?

EMPLEADO Imagino.

AGENTE I. Ya le digo yo que es difícil, es que antes de las casas vendía seguros, también por comisión.

EMPLEADO Tengo que revisar la póliza.

AGENTE I. Si quiere se la miro yo en un momento.

EMPLEADO ¿Usted qué hace aquí?

AGENTE I. Mi mujer me ha vuelto a echar. ¿Tiene la póliza a mano?

Empleado Sí, en uno de esos cajones estará. (Empleado *busca en los cajones.)* ¿Lo echa su mujer y se viene a dormir a mi casa?

Agente I. Es la más bonita.

Empleado Gracias, pero no puede venir a mi casa cada vez que su mujer lo eche.

Agente I. Pensaba que aún no se habían mudado.

Empleado Bueno, esta vez pase, pero le voy a tener que pedir la copia de las llaves. (Empleado *encuentra el seguro.)* Mire, aquí está.

*(Le acerca los papeles a* Agente Inmobiliario.*)*

Agente I. ¿A ver? Coberturas... *(Lee las coberturas.)* ¿Cuándo lo contrató?

Empleado Hace unos diez meses.

Agente I. Uyyyyy... no le cubre.

Empleado ¿No?

Agente I. No, tiene que tener una antigüedad de dos años.

Empleado ¡Qué barbaridad!

Agente I. Y si le leo la letra pequeña su mujer no cobra aunque se suicide dentro de cuatro años.

EMPLEADO Vaya.

AGENTE I. Esto de las compañías de seguros es muy difícil, si lo del suicidio funcionara mi mujer ya me lo habría propuesto hace años ¿Y usted, por qué se quiere matar, si no le importa hablar del tema?

EMPLEADO No, no me importa, me viene bien hablarlo con alguien.

AGENTE I. Las cosas hay que hablarlas, si se quedan dentro es peor, luego te da cáncer.

EMPLEADO Desfalco y cierre de la empresa.

AGENTE I. Hombre, si lo llego a saber no le pongo la silla, lo siento.

EMPLEADO No, está bien, no se preocupe.

AGENTE I. ¿Lo sabe su mujer?

EMPLEADO No, que va, no le he dicho nada, no he tenido valor. Llevamos unos meses estupendos, desde el ascenso a directivo apenas me pega.

AGENTE I. Luego hasta se echa de menos ¿Se le han pasado las ganas de ahorcarse ya?

EMPLEADO Sin coberturas uno tiene que pensarlo más, quizá mañana, pero en la oficina. Y a usted, ¿por qué lo han echado de casa?

AGENTE I. Es casi terapéutico, lo hacemos cada cierto tiempo, la casa es pequeña y así pasamos una noche sin niños y descansamos mejor, en un par de semanas la echo yo a ella *(Pausa.)* ¿Le puedo dar un consejo? Yo es que he pensado mucho en el suicidio, por lo de las comisiones, ¿sabe?

EMPLEADO Claro, hombre, diga.

AGENTE I. Si decide hacerlo mátela a ella también y se lo digo por ayudar, no le sienta mal, ¿verdad?

EMPLEADO Pero hombre, está embarazada.

AGENTE I. Con más motivo. Mire, si se mata usted solo la deja a ella con todo el marrón, es, definitivamente, un acto egoísta, pero si la mata a ella también es un acto de amor.

EMPLEADO Pero nadie lo sabrá, voy a ser uno de esos psicópatas que sale en "Informe semanal" y las vecinas dicen: "Si era un tipo muy agradable, hablaba poco, pero muy educado" y luego dirán que si no me podía haber matado yo primero y dejar tranquila a la pobre de mi mujer y nadie entenderá por qué lo he hecho.

AGENTE I. ¿Y qué más da?

EMPLEADO Hombre, da, sí que da. Además, yo lo de matar no lo llevo bien.

AGENTE I. Ve, a mí no me importa, yo es que como en mi pueblo hacíamos matanzas, me imagino que es un cochino y punto. *(Recogiendo el saco de dormir.)* Le voy a dejar, no se vaya a despertar su mujer.

EMPLEADO No hace falta tiene un sueño muy profundo. Además, ¿dónde se va a meter usted a estas horas?

AGENTE I. Hay otro inmueble a dos calles de aquí, no es tan bonito, pero me vale.

EMPLEADO Bueno, suerte con las comisiones.

AGENTE I. ¡Ay, las comisiones! Ni me las nombre, mire qué bolsas, del estrés. Suerte con lo del suicidio.

EMPLEADO No sé qué decirle, cada vez lo tengo menos claro, de todas formas, tengo un par de días para pensarlo, el Sr. Director general no hace el desfalco hasta el lunes.

AGENTE I. Bueno, entonces, puede pasar cualquier cosa, imagínese que le da un infarto.

EMPLEADO ¿A mí?

AGENTE I. No, al Sr. Director general.

EMPLEADO Eso sería maravilloso, se solucionaría todo...

(Empleado *se queda ensimismado, pensando. Silencio.)*

Agente I. Pues suerte, si me paso otros seis meses sin vender igual me suicido yo antes, pero en la oficina.

(Agente Inmobiliario *comienza a salir,* Empleado *lo detiene.)*

Empleado Perdone, ¿puedo comentarle algo?

Agente I. Claro.

Empleado Siéntese.

(Empleado *se dirige al mueble-bar, el* Agente Inmobiliario *se sienta —los personajes tomarán posiciones que recuerdan a las del* Director General *y el* Empleado *en la Escena 1—.)*

Empleado ¿Quiere un purito?

Agente I. Si usted quiere.

*(Pausa.)*

Empleado Quiero *(Le da un puro a* Agente Inmobiliario.*)* ¿Una copa?

*(La luz comienza a bajar.)*

Agente I. Si quiere.

EMPLEADO Quiero *(Sirve dos copas.)* ¿Sabe usted por qué se extinguieron los dinosaurios?

AGENTE I. ¿Por el frío?

EMPLEADO Por una crisis. Una crisis acabó con toda una especie predominante en el planeta. Pero no fue la crisis lo que les hizo desaparecer, ¿sabe lo que fue?

AGENTE I. ¿El frío?

*(La luz baja hasta el oscuro.)*

**Fin.**

Esta primera edición de *la extinción de los dinosaurios*,
de Fran Nortes, terminó de imprimirse
en mayo de dos mil veinticinco,
en Madrid.